AF391373

CHARLES par la grace de Dieu Roy de France, A tous prefens & aduenir, Salut. Comme dés le vingthuictiefme iour du mois de Decembre dernier paſſé, nos chers & bien amez les Trente quatre Iurez vendeurs de vin de noſtre bonne ville de Paris, nous euſſent & à noſtre priué Conſeil preſenté requeſte, à ce que noſtre bon plaiſir fuſt auoir pour agreable, & leur confirmer & emologuer certains articles de ſtatuts & ordonnances conformes aux priuileges & ordonnances de noſtredicte ville entre eulx faicts, dreſſez & accordez pour la police & reiglement de leurſdicts eſtats, & euiter aux entreprinſes & vſurpations qui ſy font iournellement, ainſi qu'il eſt plus au long contenu & declairé par ladicte requeſte : laquelle nous aurions renuoyee auec leſdicts ſtatuts & ordonnances y attachees à nos treſchers & bien amez les Preuoſt des Marchans & Eſcheuins de noſtredicte ville, pour ſur ce nous donner & enuoyer leur aduis, pour iceluy veu pourueoir auſdicts ſupplians ſur le contenu en ladicte requeſte, ainſi que verrions eſtre à faire par raiſon : ce qu'ils auroyét depuis deuemét faict, & le tout renuoyé par deuers nous auec leurdict aduis.

SCAVOIR faiſons, Que nous voulans bien & fauorablement traicter leſdicts ſupplians, & iceux non ſeulement conſeruer & garder és anciens priuileges à eulx concedez par nos predeceſſeurs Rois, mais auſſi pour la police, augmentation & decoration de leurſdicts eſtats leur en donner &

octroyer d'autres:& apres qu'auons faict veoir en
noſtredict priué Conſeil leſdicts requeſte, ſtatuts
& aduis, le tout cy attaché ſoubs noſtre contreſecl,
auons par meure deliberation d'iceluy, en conti-
nuant & confirmant auſdicts ſupplians tous &
chaſcuns leurſdicts anciens priuileges à eulx concedez & octroyez par noſdicts predeceſſeurs, dict,
declairé & ordonné, & de noſtre certaine ſcience,
grace ſpecial, pleine puiſſance & auctorité Royal,
diſons, declairons & ordonnons, voulons & nous
plaiſt, Que ſuyuant ledict aduis leſdicts Trente
quatre Iurez vendeurs de vin de noſtredicte ville
de Paris, auront vn comptoir ou bureau pres la
Greue de ladicte ville, comme ils ont de preſent,
où ſera faict l'eſtat, regiſtre & contreroolle des
vins qui feront par eulx vendus, à fin que les marchans y puiſſent auoir recours, pour recouurer l'ar
gent du pris du vin par eux vendu : pour faire lequel eſtat feront par la communauté deſdicts
Trente quatre Iurez vendeurs dudict vin, choiſis
chaſcun an deux d'entre eulx des plus idoines &
capables à tenir compte: l'vn deſquels dreſſera l'e-
ſtat & regiſtre deſdictes ventes, & l'autre le contreroolle, le temps & eſpace d'vn an entier: lequel
paſſé & expiré, en ſerôt choiſis & eſleus deux autres qui exerceront la meſme charge vne autre
annee: ainſi conſecutiuement ceſt ordre ſera ſuyui
& gardé. Leſquels deux vendeurs tenans ledict
bureau, feront tenus durant l'annee de leurſdictes
charges, rédre compte de trois mois en trois mois
à ladicte communauté, du proffict qui prouiédra
deſdictes ventes de vin par eulx faictes, qui ſera

departy efgalement entre lefdicts Trente quatre
vendeurs, comme il eft accouftumé. Et à fin que
lefdicts deux vendeurs fe reffentent de leurs peines & labeurs, auront chafcun d'eulx la fomme de
vingt liures parifis par an pour leurs falaires & va-
cations, qui feront pris fur tout le blot du profict
reuenant defdictes ventes.

Et pour ofter & faire ceffer tout defordre &
confufion, lefdicts vendeurs feront tenus faire
lefdictes ventes de vin l'vn apres l'autre par rang
& rang à tour de roolle, felon & ainfi que l'ordonnance les y reigle : & rapporteront & certifieront
foubs leurs feings manuels les ventes qui feront
par chafcun d'eulx refpectiuement faictes aux
deux nommez à tenir ledict bureau : pour fur ce
dreffer leurs regiftres & contreroolle.   Et d'autant que lefdicts vendeurs font tenus aduancer le
pris de la vente des vins à leurs marchans, feront
tenus lefdicts Trente quatre védeurs de vin fournir & bailler cóptant en leurdict bureau & comptoir chafcun la fomme de deux cens liures tournois, pour fatisfaire à leurfdicts eftat & charge.
Laquelle fomme de deux cens liures, aduenant le
decés de l'vn d'eux, fera rendue à fes heritiers, auec
le proffict prouenu defdictes ventes & charges
fufdictes, iufques au iour dudict decés : auffi celuy
qui fera pourueu en la place du decedé, remplira
edict comptoir & bureau de pareille fomme de
deux cés liures tournois és mains des deux qui en
auront la charge, à ce que le fonds y demeure entier & fans diminution pour fatisfaire aux mar-
hans pour lefquels ils vendent. Et ne pourra au-

cun eſtre receu audiſt eſtat ſans y auoir ſatisfaiſt.

SI donnons en mandement par ces preſentes à nos amez & feaux les gens tenans noſtre Cour de Parlement à Paris, Preuoſt dudiſt lieu, & deſdiſts marchans & Eſcheuins de noſtrediſte ville, & à tous nos autres Iuſticiers & officiers, ou leurs Lieutenans, & chaſcun d'eux, ſicomme à luy appartiendra, Que nos preſens confirmation, declaration, vouloir & intention, enſemble tout le contenu cy deſſus ils entretiennent, gardent & obſeruent, facent entretenir, garder & obſeruer inuiolablement de poinſt en poinſt, lire, publier & enregiſtrer: & d'iceux leſdiſts ſupplians & leurs ſucceſſeurs en leurſdiſts eſtats ioyr & vſer pleinemét, paiſiblement & perpetuellement, ſans y contreuenir ne innouer aucune choſe au contraire : & les cótreuenans à ce que deſſus punis & mulſtez des peines & amédes portees par les anciennes ordonnances de noſtrediſte ville. Car tel eſt noſtre plaiſir. Nonobſtant quelſconques Ediſts, priuileges, ſtatuts, ordonnances, arreſts, iugemens, ſentences, mandemens, defenſes, & lettres impetrees ou à impetrer à ce contraires. Et pource que de ceſdiſtes preſentes lon pourra auoir affaire en pluſieurs & diuers lieux, nous voulons qu'au vidimus deuement collationné foy y ſoit adiouſtee comme à ce preſent original : auquel, & à fin que ce ſoit choſe ferme & ſtable à touſiours, nous auós faiſt mettre noſtre ſeel : ſauf en autres choſes noſtre droiſt, & l'autruy en toutes. Donné à Paris ou mois de Feburier, l'an de grace mil cinq cens ſoixante ſept, & de noſtre regne le ſeptieſme.

Ainsi signé sur le reply, Par le Roy en son Conseil,
　　　　　　DE NEVFVILLE.
Visa.　　Contentor.　　DE PVYBERAL.
Leues, publiees & enregistrees, oy & ce consentant
le Procureur general du Roy.　　A Paris en Parlement le
quatorziesme iour d'Auril, l'an mil cinq cens soixăte sept.
　　　Ainsi signé,　　　　DV TILLET.

ORDONNANCE DV ROY, POR-
tant defenses à tous Iuges, & Notaires, de receuoir cy
apres par deuant eulx en faict de plaidoyrie, de Iustice, ou aultrement, la qualité de Syndic general du
Clergé, s'il n'est nommé de l'authorité & consentement
dudict Seigneur.

CHARLES par la grace de Dieu
Roy de France, A nos amez & feaulx Conseillers les Gens tenants
nostre Cour de Parlement à Paris,
Baillifs & Seneschaux ressortissans
en icelle, ou leurs Lieutenans, & à
chascun d'eulx, Salut & dilection. Nous som-
mes deuement aduertis qu'au preiudice de nos
Edicts & ordonnances aucuns Archeuesques,
Euesques & Prelats ou leurs vicaires, ont faict par
cy deuant plusieurs assemblees de leur Clergé, &
en icelles nommé, faict & constitué Procureurs
Soliciteurs & entremetteurs soubs tiltre & nom
de Syndic: & soubs pretexte & couleur de ladicte
qualité, trauaillent & molestent non seulement
ceux dudict Clergé, mais nos aultres subiects par
moyens & practiques exquises, prenans ladicte

qualité tant és actes & contracts qu'ils passent pardeuant Tabellions & notaires, que és pour-suytes & requisitions pardeuant nos Iuges, soubs ledict nom de Syndic general du Clergé, comme feroit ou pourroit faire nostre Procureur.

Pour à quoy pourueoir & remedier, sçauoir vous faisons, Que nous desirans le repos & soula-gement de nos subiects, ne voulans telles nouuel-letez proceder plus auant, vous mandons & en-ioignós tresexpressémét, Que par cy apres n'ayez à receuoir pardeuant vous en faict de plaidoyrie, de Iustice, ou autremét, en maniere qlconque ladicte qualité de Syndic desdicts Clergez creez & nom-mez ainsi que dict est : sur peine de nullité de tou-tes procedures, & de recours de tous despens, dommaiges & interests pretendus par les parties contre les Iuges qui auront receu ladicte qualité, & contre ceulx qui la vouldront vsurper & sen ayder : aussi contre les Notaires & tabellions qui auront receu ladicte qualité de Syndic és actes & contracts qui seront par eulx passez, sur lesdictes peines. En ce toutesfois non comprins les Syn-dics creez & nommez de nostre auctorité & con-sentement pour l'effect des rachapts des biens de l'Eglise puis n'agueres alienez.

Si vous mandons & expressément enioignós, Que ceste presente nostre Ordonnance vous fai-tes publier, lire & enregistrer, garder, entretenir & obseruer de poinct en poinct selon sa forme & te-neur, sans y contreuenir en aucune maniere. Et pour l'effect de ladicte publication nous voulons que au vidimus de ces presentes deuement collationné foy soit adioustee comme au present original.   Car tel est nostre plaisir.   Nonobstant quelsconques lettres à ce contraires.   Donné à Fontainebleau le vingthuictieme iour de Mars, l'an de grace mil cinq cens soixante sept, & de nostre regne le septiesme.

Ainsi signé, Par le Roy en son Conseil,

                    BOVRDIN.

Leues, publices & enregistrees, oy & ce requerant le Procureur general du Roy. A Paris en Parlement le vingt-quatriesme iour d'Auril, l'an mil cinq cens soixante sept. Signé,   DV TILLET.

DECLARATION DV ROY POVR *l'entretenement des statuts & ordonnances politiques des Maistres & gardes de la communauté de la marchandise de Grosserie, mercerie & ioyaullerie de la ville de Paris.*

CHARLES par la grace de Dieu Roy de France, Sçauoir faisons à tous presens & aduenir, nous auoir receu l'humble supplication de nos chers & bien amez les Maistres & gardes de la communauté de la marchandise de Grosserie, mercerie, & ioyaullerie de nostre bonne ville de Paris: Contenant que par nos predecesseurs Rois d'heureuse & louable memoire (que Dieu absolue) pour la police, conduicte & entretenement du faict & traffic de ladicte marchandise, leur ont esté dés long temps concedez & octroyez, & successiue-

mentcontinuez & confirmez iufques à noftre adꝰ
uenement à la Couronne plufieurs beaux ftatuts
& ordonnances politiques, à plein contenus &
declairez par les lettres de chartre de nofdicts Predeceffeurs. Et que pour ofter les frauldes & abus
qui fe pourroyent commettre à l'aduenir au faict
de ladicte marchandife, lefdicts fupplians nous
auroyent, & à noftre priué Confeil dés le dixief-
me iour de Septembre mil cinq cens foixāte quatre, prefenté requefte, auec certains articles, pour
iceulx emologuer, confirmer & adioufter à leurfdicts anciens ftatuts & ordonnances: laquelle par
nos Lettres patentes dudict iour auriós renuoyee
auec lefdicts articles y attachez foubs noftre contrefeel à noftre Preuoft de Paris ou fon Lieutenāt;
pour (appelé noftre Procureur,& autres qui pour
ce feroyent à appeler) nous donner & enuoyer
leur aduis fur le contenu efdicts articles, pour iceluy veu pourueoir aufdicts fupplians ainfi que de
raifon. Ce qu'il auroit depuis faict, & le tout renuoyé par deuers nous, auec fondict aduis : lequel
(apres auoir faict veoir en noftredicte priué Có-
feil) nous aurions par aultres nos Lettres patentes
du onziefme iour de May dernier mil cinq cens
foixante fix, auec lefdicts articles auffi cy attachez
foubs noftredict contrefeel, renuoyé à nos amez
& feaux Aduocats & Procureur generaux en noftre Cour de Parlement à Paris, pour voir iceux,
& fur ce nous donner leur aduis: pour iceluy veu,
eftre pourueu aufdicts fupplians fur le contenu
efdicts articles, ainfi qu'il appartiendroit, & verrions eftre à faire par raifon. Ce qu'ils auroyent
femblable-

femblablement depuis faict, & le tout renuoyé
par deuers nous.   Lequel veu en noſtredict priué Conſeil, & auparauant que de pourueoir auſdicts ſupplians, nous aurions par noſtre arreſt du
premier iour du mois d'Aouſt oudict an mil cinq
cens ſoixante ſix, le tout renuoyé à nos treſchers
& bien amez les Preuoſt des marchans & Eſcheuins de noſtredicte ville de Paris, pour appelez &
oys quelsques notables marchans forains, nous
donner & enuoyer leur aduis par eſcript ſur le
contenu eſdicts requeſte & articles : Ce qu'ils ont
auſſi depuis deuëment faict, & le tout renuoyé
par deuers nous auec leurdict aduis.

POVRCE eſt-il que nous voulans bien & fauorablement traicter leſdicts ſupplians, & iceulx
non ſeulement conſeruer & garder en leurſdicts
anciens ſtatuts & ordonnances, ainſi que noſdicts
predeceſſeurs Rois ont faict : Mais auſſi pour le
bien, vtilité & commodité de la choſe publique,
police & entretenement du faict & traffic de ladicte marchandiſe, leur en donner & octroyer de
autres, & euiter qu'à l'aduenir il ne ſy puiſſe commettre aucun abus : & apres qu'auons faict voir
par les gens de noſtredict priué Conſeil leſdicts
requeſte, articles, Lettres patentes, & aduis cy attachez ſoubs noſtre contreſeel, & par meure deliberation d'iceluy, auons dict, declairé & ordonné,
& de noſtre grace ſpecial, pleine puiſſance & auctorité Royal, diſons, declairons & ordonnons,
voulons & nous plaiſt, Que leſdicts Gardes de
ladicte marchandiſe de groſſerie, mercerie & ioyaullerie deſſuſdicts, ne pourront donner lettres

NN.i.

de maiſtriſe en cedict eſtat, ſinon à ceux qui aurõt fidelement ſeruy trois ans entiers vn bourgeois de noſtredicte ville de Paris, maiſtre dudict eſtat : & au fils deſdicts Maiſtres:ſur peine de nullité deſdictes lettres, & d'amende arbitraire.

Sera auſdicts bourgeois Maiſtres dudict eſtat, & non à autre, permis vendre & diſtribuer en icelle toutes ſortes & eſpeces de marchandiſes nõ prohibees par les anciens ſtatuts & ordonnances dudict eſtat.

Et ſera defendu aux forains, & autres bourgeois qui ne ſõt receus Maiſtres dudict eſtat, & q n'ont lettres de mercerie, de vendre & diſtribuer aucunes leurs marchandiſes en noſtredicte ville, ſinon aux temps ordinaires des foires, qui ſont celles de ſainct Denys, ſainct Germain & du Lendit.

Et pour mettre hors d'intereſt iceulx forains, & autres bourgeois nõ receus Maiſtres, & qui n'ont lettres de mercerie, hors leſdictes foires & en tout temps, il leur ſera loiſible d'amener en noſtredicte ville de Paris toutes ſortes de marchandiſes concernans ledict eſtat:à la charge toutesfois que icelles arriuees, les voicturiers tant par eaue que par terre ſeront contraincts les faire deſcendre au lieu public & deſigné par leſdicts Maiſtres & gardes: auſquels, ou à l'vn d'iceulx leſdicts voicturiers ſeront tenus de monſtrer & exhiber leurs lettres de voicture, pour eſtre leſdictes marchandiſes par eux viſitees, & celles qui pourrõt porter ſeel eſtre ſeellees, ou marquees vingtquatre heures apres l'arriuaige & deſcente d'icelles. Et pour ladicte viſitation faicte en cas de defectuoſité, & que leſ-

dictes marchandiſes ſe trouuaſſent non loyáles
ny marchandes,en interdire & defendre la vente:
ſur peine de confiſcation , & des amendes portees
par les anciennes ordonnances dudict eſtat.

Qu’aduenant leſdictes foires, leſdicts forains,
& autres bourgeois non receus Maiſtres, & qui
n’ont lettres de mercerie , pourront retirer dudict
lieu public & deſigné, leurſdictes marchandiſes
ainſi viſitees,huict iours deuant leſdictes foires,en
payāt auſdicts Maiſtres & gardes vn denier tournois pour chaſcune liure tournois,tant pour la viſitation que garde:de laquelle leſdicts Maiſtres &
gardes ſeront reſponſables, & contraincts à la re-
ſtitution d’icelles.

Et ſera permis auſdicts forains, & autres bourgeois non receus Maiſtres, & qui n’ont lettres de
mercerie dudict eſtat,de védre & diſtribuer leurſdictes marchandiſes durāt leſdictes foires,& huict
iours apres icelles en gros, & non en deſtail. Auſſi
leſdicts huict iours paſſez ſeront tenus faire rem-
baller & empacqueter le ſurplus deſdictes marchandiſes, & icelles rapporter audict lieu public
& deſigné, pour eſtre vendues aux autres foires
ſuyuantes, ou bien les renuoyer où bon leur ſem-
blera : ſans aucunement en diſpoſer par eux en ladicte ville hors foire : ſur leſdictes peines de confiſcation & d’amende arbitraire.

Qu’en ceſt eſtat & communauté de Groſſier,
Mercier & Ioyaullier, comme en tous les autres
corps & communautez de noſtredicte ville,y ſera
eſtably vn lieu public pour la reception,conſerua-
tion,viſitation & reſtitutió deſdictes marchādiſes.

Que toutes les defenses cy deſſus ſeront touſiours publiees & reiterees aux temps des foires,
aux lieux des foires, en la ville & ſur les ports, à fin
que les voicturiers tant par eaue que par terre
n'en puiſſent pretendre cauſe d'ignorance: ſur peine aux voicturiers contreuenans à icelles, de confiſcation de leurs cheuaulx & bateaux.

Ne pourront leſdicts Gardes permettre à aucuns deſdicts eſtrangers faire en noſtredicte ville
de Paris eſtat de Courratier, ny receuoir en ceſte
charge autres que ceulx qu'ils cognoiſtront gens
de bien & ſuffiſans, pour reſpondre des faultes &
larcins, ſi aucuns ſont commis.

Ne pourront auſſi leſdicts Courratiers faire en
leur nom, ny pour autruy aucun eſtat de marchan
diſe, ſi celuy pour lequel ils vendront n'eſt bourgeois, & Maiſtre dudict eſtat de noſtredicte ville
de Paris: & ce pour euiter aux abus & monopo-
les qu'ils pourroyent faire & commettre auec les
eſtrangers.

Et d'autant que pour la neceſſité des affaires il
eſt beſoing faire aſſemblee d'aucuns dudict eſtat,
ceulx dudict eſtat qui auront eſté appelez, & de-
fauldront à ſe trouuer au iour, lieu & heure deſi-
gnez, ſeront condamnez en vingt ſols pariſis d'a-
mende, ſinon qu'ils ſoyent legitimement excuſez.

Que ce qui ſera accordé & ordonné auſdictes
aſſemblees par les anciés Gardes de ladicte marchandiſe, appelez auec eux quarante ou cinquäte
des plus notables dudict eſtat, ſera obſerué par les
autres, à peine d'amende arbitraire.

Et que les Merciers de noſtre Palais à Paris, ſe-

ront tenus pour fournir aux fraiz qu’il conuiédra
faire, pour plusieurs affaires qui suruiennent ordi-
nairement pour la visitation desdictes marchan-
dises,& pourfuyte des procés qui en suruiennent,
contribuer chafcun la fomme de dix fols parifis,
ainfi qu’ils font tenus par les anciennes Ordonnances dudict eftat.

S i donnons en mandement par ces mefmes
prefentes à nos amez & feaulx les gens tenans noftre Cour de Parlement à Paris, Preuofts dudict
lieu,& defdicts marchans & Efcheuins, & à tous
nos autres Iufticiers, Officiers, ou leurs Lieutenãs,
& chafcun d’eulx , ficomme à luy appartiendra,
Que nos prefens Declaration, vouloir & intétion
ils entretiennent,gardent & obferuent, facent entretenir , garder & obferuer inuiolablement de
poinct en poinct,lire, publier & enregiftrer,& du
contenu cy deffus facent , fouffrent & laiffent ioyr
& vfer lefdicts fupplians & leurs fucceffeurs audict eftat de garde de ladicte marchãdife de Grof-
ferie,mercerie,& ioyaullerie pleinement,paifible-
ment & perpetuellement, fans y contreuenir ne
innouer aucune chofe au contraire : & à ce faire,
fouffrir & obeir contraignent ou facent contraindre tous ceux qu’il appartiendra, & qui pour ce
feront à contraindre , par les voyes que de raifon:
le tout nonobftant oppofitions ou appellations
quelfconques, pour lefquelles , & fans preiudice
d’icelles, ne voulons eftre differé.   Car tel eft noftre plaifir.Nonobftant auffi quelfconques Edicts,
priuileges,ftatuts,arrefts iugemens,fentences,mã-
demens, defenfes & lettres impetrees ou à impe-

trer à ce contraires. Et pource que de cefdictes
prefentes lon pourra auoir affaire en plufieurs &
diuers lieux, nous voulons qu'au vidimus deuement collationné foy y foit adiouftee comme à ce
prefent original: auquel & à fin que ce foit chofe
ferme & ftable à toufiours, nous auons faict mettre noftre feel: fauf en autres chofes noftre droict,
& l'autruy en toutes. Donné à Paris ou mois
de Feburier, l'an de grace mil cinq cens foixante
fept, & de noftre regne le feptiefme.

      Ainfi figné, Par le Roy,

               DE L'AVBESPINE.

Vifa.   Contentor.   LE RAGOIS.

*Leues, publiees & enregiftrees, oy & ce confentant
le Procureur general du Roy, pour ioyr par les impetrans
de l'effect & contenu efdictes lettres felon leur forme &
teneur. A Paris en Parlement le fecond iour de May, l'an
mil cinq cens foixante fept.*

      Ainfi figné,   DV TILLET.

LETTRES PATENTES DV ROY,
*cõtenants confirmation des priuileges & exemptions
octroyez par les feuz Rois fes predeceffeurs au college
& communauté des maiftres Chirurgiens Iurez de la
ville de Paris.*

CHARLES par la grace de Dieu
Roy de France, A tous prefens &
aduenir, Salut. Sçauoir faifons
que nous ne defirans moins grati-
fier & fauorablement traicter nos
chers & bien amez les Maiftres Chirurgiens Iu-

rez de noſtre bonne ville de Paris, qu'ont faict nos
predeceſſeurs Rois iuſques à nous, ains les conſeruer, maintenir & garder en la ioyſſance des priuileges par nos predeceſſeurs octroyez à leur college & communauté, dont declaration eſt particu-
lierement faicte par les lettres d'octroy & confirmation de ce expediees, les coppies deſquelles
deuement collationnees ſont cy attachees ſoubs
le contreſeel de noſtre Chancelerie.

A iceulx Maiſtres Chirurgiens, leurdicte communauté & college, & leurs ſucceſſeurs, pour ces
cauſes, & autres bonnes & raiſonnables conſide-
rations à ce nous mouuans, auons continué, confirmé & ratifié, & de noſtre certaine ſcience, grace ſpecial, pleine puiſſance & auctorité Royal con-
tinuons, confirmons & ratifions par ces preſentes
leſdicts octrois, priuileges, affranchiſſemens & exemptions: pour par eulx & leurſdicts ſucceſſeurs
audict art, en ioyr & vſer doreſnauant pleinemét,
paiſiblement & perpetuellement, ainſi que leurſdicts predeceſſeurs & eux en ont cy deuant bien
& paiſiblement ioy & vſé, ioyſſent & vſent enco-
res de preſent.

S i donnons en mandement à nos amez & feaulx les Gens tenants nos Cour de Parlement,
Chambre de nos Comptes, & Treſorier à Paris,
Generaulx Conſeillers par nous ordonnez tant
ſur le faict de nos Finances que de la Iuſtice de
nos Aydes, au Preuoſt dudict Paris ou ſon Lieu-
tenant, Eſleus ſur le faict de noſdicts aydes & tail-
les en l'eſlection dudict lieu, Preuoſt des marchãs
& Eſcheuins dudict lieu, Commiſſaires par nous
NN.iiij.

y ordonnez fur le faict de nos emprunts tant generaulx que particuliers, & à tous nos autres Iufticiers & officiers prefens & aduenir,& à chafcun
d'eulx endroict foy, & ficomme à luy appartiendra, Que de nos prefens grace, declaration,conti-
nuation,ratification & confirmation,& de tout le
contenu efdictes lettres,ils facent,fouffrent & laiffent ioyr & vfer pleinement,paifiblement & perpetuellement lefdicts Maiftres Chirurgiens Iurez
& leurs fucceffeurs audict art, tout ainfi & par la
forme & maniere qui leur a efté octroyé, ratifié,
confirmé & continué par nofdicts predeceffeurs
Rois, ceffans & faifans ceffer tous troubles & em-
pefchemens au contraire : lefquels fi faicts,mis ou
donnez leur auoyent efté ou eftoyent,les mettent
ou facent mettre incontinent & fans delay au premier eftat & deu. Et pource que de ces prefentes
lon pourra auoir affaire en plufieurs & diuers
lieux, nous voulós que au vidimus d'icelles deuement collationné à l'original par l'vn de nos amez
& feaulx Notaires & Secretaires, ou faict foubs
feel Royal, foy foit adiouftee comme au prefent
original.   Car tel eft noftre plaifir. Et à fin que
ce foit chofe ferme & ftable à toufiours,nous auós
figné cefdictes prefentes de noftre main, & à icelles faict mettre noftre feel : fauf en autres chofes
noftre droict, & l'autruy en toutes. Donné à
Fontainebleau ou mois de Mars, l'an de grace mil
cinq cens foixante fept, & de noftre regne le feptiefme.

Ainfi figné foubs le reply,

CHARLES.